교양 중국어

김영란 · 이순형 공저

선문대학교 출판부

교 양

중국어

인쇄 2011년 08월 26일
발행 2011년 08월 29일
2쇄 2012년 09월 05일
3쇄 2014년 02월 14일
4쇄 2015년 09월 01일

저자 김영란 · 이순형
본문 일러스트 최수향
표지 디자인 안현주
본문 디자인 이재성
기획 우리시스템
펴낸이 황선조
펴낸곳 선문대학교 출판부
주소 충남 아산시 탕정면 선문로221번길 70
전화 041)530-2827
팩스 041)530-2979
가격 10,000원
ISBN 978-89-8423-697-4 03720

머리말

이 책은 대학교의 교양 외국어를 배우고자 하는 학습자를 위해 편찬한 교재이다. 이 책은 외국어 교육 이론이나 방법론에 있어서 절충적인 입장을 취하여 구조주의 적 이론에서 의사소통적 접근에 이르기까지 여러 시각의 장점을 모두 수용하고 응용해 보려고 하였다. 이에 따라 새 단어를 단계적으로 가능한 한 통제하여 도입하였고 중국어의 특징적인 문법체계나 문장구조를 기본적이고 간단한 것부터 학습시키는 입장을 택하고, 그러면서도 글로벌 캠퍼스의 장점을 살려 일상적인 대학교 생활과 상황에서 자연스럽고 실제적인 행동으로 중국어의 사용능력을 발휘할 수 있도록 본문의 내용이나 표현을 구성하였다.

이 책은 〈예비편〉과 〈입문편〉으로 이루어져 있다.

〈예비편〉은 중국어의 발음에 관한 내용을 다루어 중국어 학습을 처음으로 시작하는 학습자가 중국어의 성모와 운모 및 성조를 익히는데 도움을 주고자 하였다.

〈입문편〉은 전체 10과로 이루어져 있으며 각 과는 어휘, 본문, 문법, 연습으로 구성된다.

〈본문〉은 기초적인 문법과 어휘를 바탕으로 일상적인 의사소통 상황을 주로 대화와 서술체로 제시하였다.

〈문법〉은 중심 학습 대상이 되는 문법 사항을 제시하였다. 기초적인 문법 구조부터 단계적으로 항목을 배열하여 기본적인 문장을 정확히 구사할 수 있도록 기술하였다.

〈연습〉은 말하기, 듣기, 읽기, 쓰기의 통합적인 기능을 신장할 수 있도록 학습 내용을 활용하고 언어를 생성하며 이해할 수 있는 다양한 연습이 포함되어 있다.

책의 마지막 부분에 〈어휘색인〉을 넣어 어휘를 발음기호의 순으로 제시하였고 본문 내용에 대한 한국어 해석을 첨부하여 중국어를 공부하는 학습자에게 실질적인 도움을 주고자 하였다.

책이 완성되어 출판되기까지 많은 도움을 주신 선문대학교 윤성규 교수, 김린 되풀러 교수, 김태우 선생님, 오용선 선생님과 최수향 학생의 노고에 깊은 감사를 드린다.

2011년 7월

선문대학교 교양대학 교수
김영란 · 이순형

목차

교 양

중국어

등장 인물 소개

교양

중국어

예비편

■ 중국어의 발음

중국어의 기본 개념

1 중국의 표준어 : 보통화

중국은 북경방언을 기초로 한 보통화를 그 표준어로 삼는다.

2 중국어의 문자 : 간체자

오늘날 중국에서 국가가 규정한 문자로 사용되는 것은 간체자라고 하는 간략화 된 한자이다.

馬 → 马　國 → 国　語 → 语

3 중국어의 발음 표기법 : 한어병음

한어병음은 라틴어의 자모를 이용하여 현대 중국어 보통화의 발음을 표기하는 표기법이다.

중국어의 음절구조

중국어의 발음은 성모, 운모, 성조로 구성되어 있다.

성모는 음절의 첫 자음을 말하고 운모는 성모를 제외한 부분을 말하고 성조는 소리의 높낮이를 말한다.

1 성조

중국어의 표준어 (보통화)는 각 음절마다 각각의 높낮이를 가지는데 이런 각 음절의 높낮이를 성조라고 한다.

중국어는 4개의 성조가 있으며 각각 1성(—), 2성 (/), 3성(V), 4성(\ )이라고 부른다.

성조가 달라지면 의미가 변하므로 성조의 역할은 아주 중요하다.

(1) 1성 (55) 1

높고 평평한 소리. 시작이 높고, 처음부터 끝까지 높고 평평한 소리를 유지해야한다.

mā (엄마)　　gāo (높다)　　jiā (집)

(2) **2성** (35) 2

상승하는 소리. 1성보다 시작은 낮으나 서서히 소리를 가장 높은 소리까지 상승시켜야 한다.

처음부터 소리를 상승하는 것이 아니라 서서히 뒤를 끌어올린다.

má (삼베) bái (하얗다) mén (문)

(3) 3**성**(2114) 3

낮게 내려갔다가 올라오는 소리. 낮은 소리에서 가장 낮은 소리로 내려갔다가 그 낮은 지점에서 소리를 조금 유지하다가 다시 끝을 올린다.

mǎ (말) shǒu (손) zǒu (걷다)

(4) 4**성**(51) 4

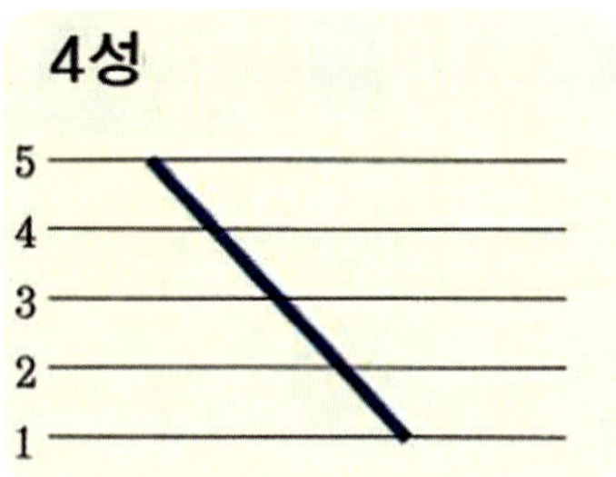

높은 곳에서 낮은 곳으로 내려오는 소리. 가장 높은 곳에서 가장 낮은 소리로 한 번에 끌어내려 소리를 내야한다.

dà (크다) kàn (보다) piào (표)

(5) **경성** 5

원래의 성조를 잃어버리고 짧게 발음하는 일종의 성조의 변화이다.

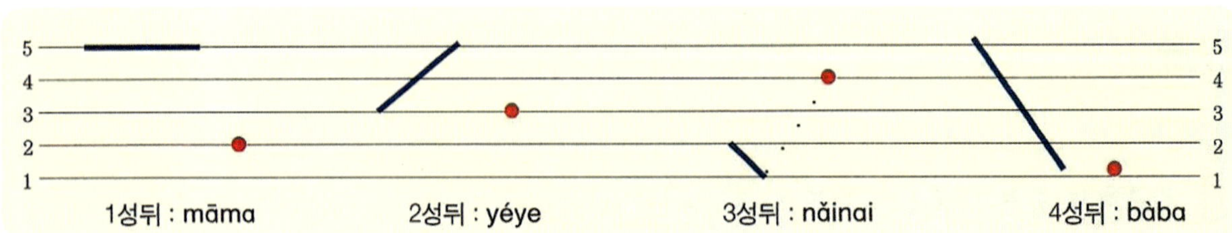

2 운모

성모 뒤에 오는 부분을 운모라고 한다. 모음의 결합형식에 따라 종류를 나눈다.

(1) 단운모 6

a	입을 크게 벌리고 혀를 낮게 위치하고 "아"라고 발음한다	kāfēi(커피)
e	"으어"라고 발음하되 끊어 읽지 말고 "으"를 짧게 발음한다.	gēge(형,오빠)
o	"오어"라고 발음하되 끊어 읽지 말고 "오"를 짧게 발음한다.	pò(터지다)
i	입을 옆으로 가지런하게 벌리고 "이"라고 발음한다	dìdi(남동생)
u	입을 둥글게 모아 "우"라고 발음한다	shū(책)
ü	"위"라고 발음하되 입을 둥글게 유지한다.	nǚ(여자)

(2) 복운모

▶ 이중모음 7

ai	"아"와 "이"를 연결하여 "아이"로 발음 한다.	cài(음식)
ei	"에"와 "이"를 연결하여 "에이"로 발음한다.	fēijī(비행기)
ao	"아"와 "오어"를 연결하여 "아어"로 발음한다.	kǎo(시험보다)
ou	"어"와 "우"를 연결하여 "어우"로 발음한다.	dōu(모두)
ia	"이"와 "아"를 연결하여 "이아"로 발음한다.	jiā(집)
ie	"이"와 "에"를 연결하여 "이에"로 발음한다.	tiē (붙이다)
ua	"우"와 "아"를 연결하여 "우아"로 발음한다.	zhuā(잡다)
uo	"우"와 "어"를 연결하여 "우어"로 발음한다.	suǒ(잠그다)
üe	"위"와 "에"를 연결하여 "위에"로 발음한다.	xuéxí(공부하다)

▶ 삼중모음 8

uai	"우"와 "아이"를 연결하여 "우아이"로 발음한다.	shuài(잘생겼다)
uei	"우"와 "에이"를 연결하여 "우에이"로 발음한다.	tuī(밀다)
iao	"이"와 "아어"를 연결하여 "이아어"로 발음한다.	piào(표)
iou	"이"와 "어우"를 연결하여 "이어우"로 발음 한다.	niúnǎi(우유)

▶ 비음운모 9

an	“안”으로 발음한다.	bàn(절반)
ang	“앙“으로 발음한다.	fángjiān(방)
en	“언”으로 발음한다.	rén(사람)
eng	“엉”으로 발음한다.	rēng(버리다)
ong	“웅”으로 발음한다.	zhōngguó(중국)
ian	“이엔”으로 발음한다.	jiàn(만나다)
iang	“이앙”으로 발음한다.	jiāng(강)
in	“인”으로 발음한다.	yīnwèi(왜냐하면)
ing	“잉”으로 발음한다.	píng(병)
uan	“우안”으로 발음한다.	chuán(배)
uang	“우앙”으로 발음한다	chuáng(침대)
uen	“원”으로 발음한다.	kùn(졸리다)
ueng	“웡”으로 발음한다.	wēng(노인)
üan	“위엔”으로 발음한다.	quánbù(전부)
ün	“윈”으로 발음한다.	tōngxùn(통신)
iong	“이옹“으로 발음한다.	yīngxióng(영웅)

3 성모

음절의 첫소리가 되는 자음을 말한다. 입술모양과 혀의 위치로 종류를 나눌 수 있다.

순음(脣音) 10	bo	임의로 “o”를 붙여 “뽀어”로 발음한다.	biǎo(시계)
	po	임의로 “o”를 붙여 “포어”로 발음한다.	páizi(팻말)
	mo	임의로 “o”를 붙여 “모어”로 발음한다.	máoyī(스웨터)
	fo	윗니를 아랫 입술에 대면서 “포어”로 발음한다.	fàn(밥)

설첨음(舌尖音) 11	de	임의로 “e”를 붙여서 “뜨어”로 발음한다.	diànnǎo(컴퓨터)
	te	임의로 “e”를 붙여서 “트어”로 발음한다.	tiào(뛰다)
	ne	임의로 “e”를 붙여서 “느어”로 발음한다.	nèn(부드럽다)
	le	임의로 “e”를 붙여서 “르어”로 발음한다.	líng(0)

설근음 (舌根音) 12	ge	임의로 “e”를 붙여서 "끄어“로 발음한다	gāo(높다)
	ke	임의로 “e”를 붙여서 “크어”로 발음한다	kàn(보다)
	he	임의로 “e”를 붙여서 “흐어”로 발음한다.	hǎo(좋다)

설면음 (舌面音) 13	ji	임의로 “i”를 붙여서 "지“로 발음한다.	jiào(부르다)
	qi	임의로 “i”를 붙여서 “치”로 발음한다	qián(돈)
	xi	임의로 “i”를 붙여서 “시”로 발음한다	xié(신발)

* 임의로 “i”를 붙여서 발음하지만 설첨후음 뒤의 “i" 는 “으”로 발음한다.			
설첨후음 :권설음 (舌尖後音) 14	zhi	혀끝을 경구개에 대고 떼면서 “쯔”로 발음한다	zhǎo(찾다)
	chi	혀끝을 경구개에 대고 떼면서 “츠”로 발음한다	chī(먹다)
	shi	혀끝을 경구개에 대고 떼면서 “쓰”로 발음한다	shān(산)
	ri	혀끝을 경구개에 대고 떼면서 “르”로 발음한다	rèng(버리다)

임의로 “i”를 붙여서 발음하지만 설첨전음 뒤의 “i” 는 “으”로 발음한다.			
설첨전음 (舌尖前音) 15	zi	윗니 아랫니를 가지런히 붙이고 혀끝을 그 뒤에 대고 떼면서 “쯔”로 발음한다.	zǒu(걷다)
	ci	윗니 아랫니를 가지런히 붙이고 혀끝을 그 뒤에 대고 떼면서 “츠”로 발음한다.	cǎo(풀)
	si	윗니 아랫니를 가지런히 붙이고 혀끝을 그 뒤에 대고 떼면서 “쓰”로 발음한다.	sān(3, 삼)

한어병음 표기 시 주의할 점

1 성조는 모음위에 표기한다.

bù　　nǐ　　kè

▶ 이중모음 또는 삼중모음일 경우 : a > o> e 순으로 표기하고, i = u = ü이므로 뒤에 있는 모음위에 표기한다.

bào　　bēi　　zǒu　　guì　　jiǔ　　qiáo

2 운모만으로 이루어진 음절의 첫머리가 i- , u- , ü- 로 시작할 경우 각각 yi, wu, yu 로 표기한다

ia → ya	ie → ye	iao → yao	iou → you	ua → wa
uo → wo	uai → wai	uei → wei	üe → yue	

3 j-, q-, x- 다음에 오는ü는 각각 ju, qu, xu 로 표기한다

jüe → jue　　qüan → quan　　xün → xun

4 2음절로 이루어진 단어 중 두 번째 음절의 첫머리에 a, o, e 가 오는 경우 두음절 사이의 경계를 분명하게 하기 위해 중간에 격음 부호를 삽입한다.

xī'ān (서안)　　tiān'ānmén (천안문)

5 문장의 첫머리, 인명, 지명, 교유명사 등은 첫 음을 대문자로 표기한다.

Zhōng guó(중국)　　Wáng lán(왕란)

성조의 변화

1 제 3성의 성조 변화

(1) 3성+1성, 2성, 4성 16

3성 뒤에 1,2,4성이 오면 반3성으로 발음한다.

3+1 wǒhē (我喝)
3+2 wǒlái (我来)
3+4 wǒkàn (我看)

(2) 3성+3성

3성이 연이어 나올 경우 앞의 3성은 2성으로 발음한다.

3+3 nǐhǎo → níhǎo (你好)

2 '不' 의 성조 변화 17

'不(bù)' 는 원래 4성인데 뒤에 4성인 글자가 오면 2성으로 발음한다.

不+ 1성 bùhē (不喝)
不+ 2성 bùlái (不来)
不+ 3성 bùhǎo (不好)
不+ 4성 bùkàn → búkàn (不看)

3 '一' 의 성조 변화 18

'一 (yī)'는 원래 1성이고, 단독 또는 맨 끝에 오면 원래 성조대로 발음하고, 뒤에 1,2,3성이 오면 4성으로, 뒤에 4성이 오면 2성으로 발음한다.

一 + 1성 yīqiān → yìqiān (一千)
一 + 2성 yīnián → yìnián (一年)
一 + 3성 yībǎi → yìbǎi (一百)
一 + 4성 yīwàn → yíwàn (一万)

Dialogue

운모 성모	1																		
	a	o	e	-i	er	ai	ei	ao	ou	an	en	ang	eng	ong	i	ia	iao	ie	iou
b	ba	bo				bai	bei	bao		ban	ben	bang	beng		bi		biao	bie	
p	pa	po				pai	pei	pao	pou	pan	pen	pang	peng		pi		piao	pie	
m	ma	mo				mai	mei	mao	mou	man	men	mang	meng		mi		miao	mie	miu
f	fa	fo					fei		fou	fan	fen	fang	feng						
d	da		de			dai	dei	dao	dou	dan		dang	deng	dong	di		diao	die	diu
t	ta		te			tai		tao	tou	tan		tang	teng	tong	ti		tiao	tie	
n	na		ne			nai	nei	nao	nou	nan	nen	nang	neng	nong	ni		niao	nie	niu
l	la		le			lai	lei	lao	lou	lan		lang	leng	long	li	lia	liao	lie	liu
g	ga		ge			gai	gei	gao	gou	gan	gen	gang	geng	gong					
k	ka		ke			kai	kei	kao	kou	kan	ken	kang	keng	kong					
h	ha		he			hai	hei	hao	hou	han	hen	hang	heng	hong					
j															ji	jia	jiao	jie	jiu
q															qi	qia	qiao	qie	qiu
x															xi	xia	xiao	xie	xiu
zh	zha		zhe	zhi		zhai	zhei	zhao	zhou	zhan	zhen	zhang	zheng	zhong					
ch	cha		che	chi		chai		chao	chou	chan	chen	chang	cheng	chong					
sh	sha		she	shi		shai	shei	shao	shou	shan	shen	shang	sheng						
r			re	ri				rao	rou	ran	ren	rang	reng	rong					
z	za		ze	zi		zai	zei	zao	zou	zan	zen	zang	zeng	zong					
c	ca		ce	ci		cai		cao	cou	can	cen	cang	ceng	cong					
s	sa		se	si		sai		sao	sou	san	sen	sang	seng	song					
	a	**o**	**e**		**er**	**ai**	**ei**	**ao**	**ou**	**an**	**en**	**ang**	**eng**		**yi**	**ya**	**yao**	**ye**	**you**

2					3									4			
ian	in	iang	ing	iong	u	ua	uo	uai	uei	uan	uen	uang	ueng	ü	üe	üan	ün
bian	bin		bing		bu												
pian	pin		ping		pu												
mian	min		ming		mu												
					fu												
dian			ding		du		duo		dui	duan	dun						
tian			ting		tu		tuo		tui	tuan	tun						
nian	nin	niang	ning		nu		nuo			nuan							
lian	lin	liang	ling		lu		luo			luan	lun						
					gu	gua	guo	guai	gui	guan	gun	guang					
					ku	kua	kuo	kuai	kui	kuan	kun	kuang					
					hu	hua	huo	huai	hui	huan	hun	huang					
jian	jin	jiang	jing	jiong										ju	jue	juan	jun
qian	qin	qiang	qing	qiong										qu	que	quan	qun
xian	xin	xiang	xing	xiong										xu	xue	xuan	xun
					zhu	zhua	zhuo	zhuai	zhui	zhuan	zhun	zhuang					
					chu	chua	chuo	chuai	chui	chuan	chun	chuang					
					shu	shua	shuo	shuai	shui	shuan	shun	shuang					
					ru	rua	ruo			ruan	run						
					zu		zuo		zui	zuan	zun						
					cu		cuo		cui	cuan	cun						
					su		suo		sui	suan	sun						
yan	yin	yang	ying	yong	wu	wa	wo	wai	wei	wan	wen	wang	weng	yu	yue	yuan	yun

- 색칠한 부분은 한어병음 표기법 또는 발음에 주의해야 할 음절임.
- 맨 아래 부분의 음절은 단독으로 쓰일 때의 표기임.
- 감탄사에 나타나는 특수한 음절(ng, hm, hng 등)은 생략함.

교양 중국어

입문편

01 你好！我是韩国人

nǐ hǎo ! wǒ shì Hánguórén

New words 19

你 nǐ 대 너, 당신	好 hǎo 형 좋다
我 wǒ 대 나	是 shì ~은 ~이다
韩国 Hánguó 명 한국	人 rén 명 사람
叫 jiào 동 부르다	什么 shénme 대 무엇, 무슨
名字 míngzi 명 이름	认识 rènshi 동 알다
很 hěn 부 매우	高兴 gāoxìng 형 기쁘다
吗 ma 조 ~입니까	不是 búshì ~이/가 아니다
哪 nǎ 대 어느	国 guó 명 나라
中国 Zhōngguó 명 중국	们 men 들 (인칭에 대한 복수형)
日本 Rìběn 명 일본	他们 tāmen 대 그들

Dialogue 1

20

朴志贤： 你好！
Nǐhǎo !

王 丹： 你好！
Nǐhǎo !

朴志贤： 我叫朴志贤。你叫什么名字？
Wǒ jiào Piáozhìxián, nǐ jiào shénme míngzi?

王 丹： 我叫王丹。认识你，我很高兴。
Wǒ jiào Wángdān. rènshi nǐ, wǒ hěn gāoxìng.

朴志贤： 你是韩国人吗？
Nǐ shì Hánguórén ma?

王 丹： 我不是韩国人。
Wǒ búshì Hánguórén.

朴志贤： 你是哪国人？
Nǐ shì nǎguó rén?

王 丹： 我是中国人，你呢？
Wǒ shì Zhōngguórén. nǐ ne?

朴志贤： 我是韩国人。
Wǒ shì Hánguórén.

黑 田： 你们好！我叫黑田，我是日本人。
Nǐmen hǎo! wǒ jiào Hēitián, wǒ shì Rìběnrén.

很高兴认识你们。
Hěn gāoxìng rènshi nǐmen.

Dialogue 2

21

我叫朴志贤，我是韩国人。
Wǒ jiào Piáozhìxián. wǒ shì Hánguórén.

王丹是中国人，黑田是日本人。
Wángdān shì Zhōngguórén, Hēitián shì Rìběnrén.

认识他们，我很高兴。
Rènshi tāmen, wǒ hěn gāoxìng.

1. 是 자문

명사술어문에 쓰이어 긍정적인 판단을 나타낸다. "~은/는 ~이다"라는 의미로 해석할 수 있다.

긍정문 : A 是 B

我是韩国人。 나는 한국인입니다.
wǒ shì Hánguórén.

我是中国人。 나는 중국인입니다.
wǒ shì Zhōngguórén.

부정문 : A 不是 B

我不是中国人。 나는 중국인이 아닙니다.
wǒ búshì Zhōngguórén.

我不是韩国人。 나는 한국인이 아닙니다.
wǒ búshì Hánguórén.

2. 의문대명사 (1) 什么 哪

묻고 싶은 부분에 의문대명사를 넣어 질문할 수 있다.

무엇, 무슨 什么

你叫什么名字? 당신 이름은 무엇입니까?
nǐ jiào shénme míngzi?

这是什么? 이것은 무엇입니까?
zhè shì shénme ?

어느 哪

你是哪国人? 당신은 어느 나라 사람입니까?
nǐ shì nǎguórén ?

> **주의**
> 의문대명사를 사용하는 의문문에는 의문조사 **吗**를 쓰지 못한다.
> **你是哪国人吗? (×)**

3. 의문조사 吗 呢

평서문 + 吗?

평서문 뒤에 의문조사 吗를 붙여 의문문을 만들 수 있다.

你是韩国人吗? 당신은 한국인입니까?
nǐ shì Hánguórén ma ?

你不是中国人吗? 당신은 중국인이 아닙니까?
nǐ búshì Zhōngguórén ma ?

주어 + 呢?

반복되는 내용을 생략하고 주어 뒤에 바로 呢를 붙여 의문문을 만들 수 있다.

我是韩国人, 你呢? (你是哪国人?) 나는 한국인입니다, 당신은요?
nǐ shì Hánguórén, nǐ ne ?

很好, 你呢?(你好吗?) 잘 지내요, 당신은요?
hěnhǎo, nǐ ne?

Exercises

1 다음을 듣고 빈자리에 알맞은 성모나 운모를 쓰세요. 22

(1) n___ (2) w____ (3)h_____

(4) h___ (5) r_____ (6) j_____

(7) ___i (8) ___en __e (9) __i ___en

(10) ___en __i (11) g____ x_____ (12) m____ ____i

2 다음을 듣고 성조를 표시하세요. 23

(1) Ni hao! (2) Ni men hao! (3) Han guo ren

(4) Zhong guo ren (5) Ri ben ren (6) Hen gao xing

3 "吗"를 이용한 의문문으로 다음의 대화를 완성하세요.

(1) A:________吗? B: 我认识他。

(2) A:________吗? B: 我是日本人。

(3) A:________吗? B: 我很高兴。

4 다음을 정확하게 읽고 해석해보세요.

(1) 我是韩国人。

(2) 你是哪国人?

(3) 认识你，我很高兴。

(4) 你叫什么名字?

5 다음을 읽고 물음에 대답하세요.

你好！ 我叫朴志贤， 我是韩国人。她叫王丹，他叫黑田。
王丹是中国人，黑田是日本人。认识他们我很高兴。

(1) 黑田是哪国人？

(2) 朴志贤是日本人吗？

(3) 她叫什么名字？

(4) 朴志贤认识王丹吗？

6 짝과 함께 중국어로 이름과 국적을 묻고 대답해 보세요.

02 那是我的

nà shì wǒ de

New words 24

那 nà 대 그. 저

的 de 조 의

书 shū 명 책

眼镜 yǎnjìng 명 안경

和 hé 조 와/과

谢谢 xièxie 감사합니다

桌子 zhuōzi 명 책상

有 yǒu 동 있다

谁 shuí 대 누구

这 zhè 대 이

也 yě 조 도

帽子 màozi 명 모자

手机 shǒujī 명 핸드폰

不客气 búkèqi 천만에요

上 shàng 명 위

Dialogue 1

黑　田：这是谁的书？
Zhè shì shuí de shū?

朴志贤：这是王丹的书。
Zhè shì Wángdān de shū.

黑　田：那也是王丹的吗？
Nà yě shì Wángdān de ma?

朴志贤：不，那是我的。
Bù, nà shì wǒ de.

这是王丹的眼镜。
Zhè shì Wángdān de yǎnjìng.

黑　田：这是谁的帽子和手机？
Zhè shì shuí de màozi hé shǒujī?

朴志贤：那是我的。谢谢！
Nà shì wǒ de. Xièxie!

黑 田：不客气，再见！
Búkèqi, Zàijiàn!

Dialogue 2

26

桌子上有书，眼镜，帽子和手机。
Zhuōzi shàng yǒu shū, yǎnjìng, màozi hé shǒujī.

这是王丹的书和眼镜，
Zhè shì Wángdān de shū hé yǎnjìng ,

那是我的帽子和手机。
Nà shì wǒ de màozi hé shǒujī.

1. 지시대명사

	지시대명사	사 람	장 소
가까운것	这 zhè	这个(人) zhègerén	这儿 zhèr
먼 것	那 nà	那个(人) nàgerén	那儿 nàr
의 문	哪 nǎ	哪个(人) nǎgerén	哪儿 nǎr

这是王丹的书。 이것은 왕딴의 책입니다.
zhè shì wángdān de shū.

那不是帽子。 저것은 모자가 아닙니다.
nà búshì màozi.

2. 의문대명사 (2)

누구 谁

这是谁的书? 이것은 누구의 책입니까?
zhè shì shuí de shū.

她是谁? 그녀는 누구입니까?
tā shì shuí?

3. 구조조사 的

관형어 + 的 + 명사 (중심어)

명사를 수식하는 성분과 명사를 연결해주는 조사이며, “~의, ~한 ”의 의미를 가진다.

我的眼镜。 나의 안경
wǒ de yǎnjìng

看的书。 보는 책
kàn de shū

인칭대사 / 동사/형용사 + 的

的 붙여 명사화 시키고 " ~것 "이라는 의미를 가진다.

这是我的。 이것은 나의 것입니다.
zhè shì wǒ de.

那是我喝的。 저것은 내가 마신 것입니다.
nà shì wǒ hē de.

Exercises

1 다음을 듣고 병음과 성조를 표시하세요. 27

(1) ________　(2) ________　(3) ________

(4) ________　(5) ________　(6) ________

2 다음을 듣고 네모 안의 글자를 참고하여 괄호를 채우세요. 28

nǐ	guó	jiào	shén	Hán	hǎo	me	nǎ
míng	rén	bú	hǎo	shì	ma	Zhōng	zi

A : ________________!

B : ________________!

A : Nǐ jiào ________________?

B : Wǒ ______ Piáozhìxián。

A : Nǐ shì ________________ma?

B : ____________。

A : ________________________?

B : wǒ shì ________________________。

3 다음 문장에서 틀린 곳을 찾아 바르게 고치세요.

(1) 这是谁书? →

(2) 那是我手机。→

(3) 那个帽子是我。→

4 다음을 정확히 읽고 해석해 보세요.

(1) 谢谢！/不客气，再见！
(2) 这是王丹的眼镜。
(3) 那是我的手机。
(4) 这是你的帽子吗？

5 다음을 읽고 물음에 대답하세요.

这是王丹的手机和眼镜，那是黑田的帽子。
这个书不是我的，是黑田的。

(1) 这个书是王丹的吗？

(2) 那个手机是谁的？

(3) 这个眼镜是我的吗？

(4) 这儿有没有我的？

6 짝과 함께 다음을 묻고 대답해보세요.

(1) 这是你的书吗？

(2) 那是你的眼镜吗？

(3) 这是谁的手机？

(4) 你没有帽子吗？

03 明天是我的生日

míng tiān shì wǒ de shēng rì

New words 29

明天 míngtiān 명 내일

大 dà 형 크다

二十 èr shí 수 이십

岁 suì 명 (나이) 살. 세

几 jǐ 대 몇

去 qù 동 가다

玩 wán 동 놀다

欢迎 huānyíng 동 환영하다

要 yào

生日 shēngrì 명 생일

今年 jīnnián 명 금년

同岁 tóngsuì 명 동갑

生日快乐 shēngrìkuàilè 생일축하

月~号 yuè~hào 명 월~일

家 jiā 명 집

可以 kěyǐ 조동 가능하다

来 lái 동 오다

Dialogue 1

30

朴志贤： 你多大了？
Nǐ duō dà le?

王　丹： 我今年二十了，你呢？
Wǒ jīnnián èrshí le, nǐ ne?

朴志贤： 我也二十了。我们是同岁。
Wǒ yě èrshí le. wǒmen shì tóngsuì.

黑　田： 我今年二十一岁，明天是我的生日。
Wǒ jīnnián èrshíyī suì. míngtiān shì wǒ de shēngrì.

朴志贤： 是吗？祝你生日快乐！
Shì mā? zhù nǐ shēngrìkuàilè!

黑　田： 谢谢！你的生日是几月几号？
Xièxie! nǐ de shēngrì shì jǐ yuè jǐ hào?

朴志贤： 我的生日是二月十二号。
Wǒ de shēngrì shì èryuèshíèr hào.

王　丹： 明天我们去你家玩儿，可以吗？
Míngtiān wǒmen qù nǐjiā wánr, kěyǐ ma?

黑　田： 欢迎你们来玩儿。
Huānyíng nǐ men lái wánr.

Dialogue 2

31

我今年二十了，王丹和我是同岁。
Wǒ jīnnián èrshí le, Wángdān hé wǒ shì tóngsuì.

黑田家玩儿，明天是黑田的生日。
hēitiánjiā wánr, míngtiān shì Hēitián de shēngrì.

我们明天要去黑田家玩儿。
Wǒmen míngtiān yào qù hēitiánjiā wánr.

Grammar Points

1. 숫자

零	一	二	三	四	五	六	七	八	九	十
líng	yī	èr	sān	sì	wǔ	liù	qī	bā	jiǔ	shí
0	1	2	3	4	5	6	7	8	9	10

2. 의문대명사 (3) 多 几

얼마나 多+형용사

정도나 수량을 묻는다.

你多大了? 당신은 몇 살입니까?
nǐ duōdà le ?

你多高? 당신은 키가 얼마나 됩니까?
nǐ duōgāo ?

몇 几

几는 주로 10미만의 확실하지 않은 수를 물을 때 명사와 함께 사용한다.

你的生日几月几号? 당신의 생일은 몇 월 며칠입니까?
nǐde shēngrì jǐ yuè jǐ hào?

明天星期几? 내일은 무슨 요일입니까?
míngtiān xīngqījǐ ?

3. 나이 묻고 답하기

연령별로 묻는 방법이 다르다.

연령별 질문		대 답
어린아이	你几岁? nǐ jǐ suì ?	5岁 wǔ suì
비슷한 연배	你多大? nǐ duōdà ?	20(岁) èrshí (suì)
웃어른	您多大年纪? nín duōdà niánjì ?	62(岁) liùshíèr(suì)

4. 날짜 읽기

✻ 년 年 nián

연도는 단위가 없이 숫자만 읽고 年을 더한다.

1988年	2002年	2010年
yī jiǔ bā bā nián	èr líng líng èr nián	èr líng yī líng nián

✻ 월 月 yuè

우리말처럼 숫자 1~12까지를 月 앞에 더한다.

一月	三月	九月	十二月
yī yuè	sān yuè	jiǔ yuè	shí'èr yuè

✻ 일 号 hào (日 rì)

号 (hào) 앞에 숫자 1~31을 더하여 사용하며, 때때로 日(rì)을 사용하기도 한다.

一号	十五号	二十号	三十一号(三十一日)
yī hào	shíwǔ hào	èrshí hào	sānshí yī hào(sānshí yī rì)

✻ 요일 星期 xīngqī

星期一	星期二	星期三	星期四	星期五	星期六	星期天(日)
xīngqī yī	xīngqī èr	xīngqī sān	xīngqī sì	xīngqī wǔ	xīngqī liù	xīngqī tiān(rì)
월요일	화요일	수요일	목요일	금요일	토요일	일요일

5. 능원동사 (1) 可以

✲ 허가

"~해도 좋다" 는 의미로 쓰이며, 부정형은 不可以 혹은 不能이다.
단독으로 대답할 때는 不行을 써도 된다.

明天我去你那儿，可以吗? 내일 당신한테 가도 됩니까?
míngtiān wǒ qù nǐ nàr, kěyǐma?

我可以去玩儿吗? - 不可以。 / 不行。 나 놀러가도 되요?
wǒ kěyǐ qù wánr ma? - bùkěyǐ / bùxíng. - 안됩니다.

Exercises

1 다음의 숫자를 듣고 병음과 한자로 써보세요. 32

(1) ______________ (2) ______________ (3) ______________

(4) ______________ (5) ______________ (6) ______________

2 다음을 듣고 밑줄 친 부분에 들어갈 숫자를 써 넣으세요. 33

(1) 王丹今年 ____________ 岁。

(2) 我妈妈今年 ____________ 岁。

(3) 我明年 ____________ 岁。

(4) 他的生日是 _________ 月 _________ 号。

(5) 明天是 _________ 月 _________ 号。

(6) _________ 月 _________ 号是我的生日。

3 다음 단어들을 어순에 맞게 배열하시오.

(1) 오늘은 몇 월 몇 일 입니까?

几　今天　月　几　号

→ ____

(2) 내 생일은 7월 13일 입니다.

生日　是　七　十三　月　的　号　我

→ ____

(3) 내일 우리 너한테 놀러 가도 되니?

我们　可以　明天　玩儿　你那儿　去　吗　?

→ ____________________

4 **다음 보기에서 알맞은 말을 골라 대화를 완성하세요.**

보기 : 几　多大　多大年纪

(1) A：您今年 ________ ?
B：我今年70了。

(2) A：你 ________ 岁?
B：我 7岁。

(3) A：你 ________ ?
B：我 24 岁 。

5 **다음을 정확히 읽고 해석해 보세요.**

(1) 你今年多大了?
(2) 祝你生日快乐!
(3) 欢迎你们来玩儿。
(4) 我今年十九了，我们是同岁。

6 다음을 읽고 물음에 대답하세요.

黑田是日本人，他今年三月一号来韩国了。他今年二十一岁，明天是他的生日。我今年二十了，我的生日是七月四号。王丹是我的中国朋友，她和我同岁。

(1) 黑田今年多大了？

(2) 黑田是几月几号来韩国的？

(3) 我的生日是几月几号？

(4) 王丹今年多大了？

7 짝과 함께 묻고 대답해 보세요.

(1) 你今年多大了？

(2) 你的生日是几月几号？

(3) 你们是几月几号认识的？

(4) 你的生日那天，我可以去你那儿玩儿吗？

04 她在吗?

tā zài ma?

New words 34

在 zài 동 ~에 있다

找 zhǎo 동 찾다

课 kè 명 수업

下午 xiàwǔ 명 오후

再 zài 부 다시

给 gěi 동 주다

喂 wèi 감 여보세요

上午 shàngwǔ 명 오전

学校 xuéxiào 명 학교

那么 nàme 접 그럼

吧 ba 어미 ~ㅂ시다. ㄹ게요.

打电话 dǎdiànhuà 전화를 걸다

Dialogue 1

朴志贤：喂，你好！
Wèi, nǐ hǎo!

学　生：你好！你找谁？
Nǐ hǎo! nǐ zhǎo shuí?

朴志贤：我是朴志贤，我找王丹，她在吗？
Wǒ shì Piáozhìxián, wǒ zhǎo Wángdān, tā zài ma?

学　生：她不在，她上午有课，去学校了。
Tā bú zài, Tā shàngwǔ yǒu kè, qù xuéxiào le.

朴志贤：她下午在吗？
Tā xiàwǔ zài ma?

学　生：在。
Zài.

朴志贤：那么，我下午再打吧，再见！
Nà me, wǒ xiàwǔ zài dǎ ba, zàijiàn!

学　生：再见！
Zàijiàn!

Dialogue 2

36

我给王丹打电话，王丹不在，
Wǒ gěi Wángdān dǎ diànhuà, Wángdān bú zài,

她上午有课，去学校了。
Tā shàngwǔ yǒu kè, qù xuéxiào le.

王丹下午在，我下午再给她打电话。
Wángdān xiàwǔ zài, wǒ xià wǔzài gěi tā dǎ diànhuà.

1. 동태조사 了

동사 + 了 동작의 완료

了는 동사 뒤에 쓰여 동작의 완료를 나타낸다.

我吃了。 나는 먹었다.
wǒ chī le.

他走了。 그는 떠났다.
tā zǒu le.

수식을 받지 않는 목적어를 가지는 동사일 경우 목적어 뒤에 붙여 동작의 완료를 표시한다.

他去学校了。 그는 학교에 갔다.
tā qù xuéxiào le.

我喝咖啡了。 나는 커피를 마셨다.
wǒ hē kāfēi le.

我喝了一杯咖啡。 나는 커피 한잔을 마셨다.
wǒ hē le yì bēi kāfēi.

2. 시간관련 표현

<table>
<tr><td>해</td><td colspan="2">去年 qùnián</td><td colspan="2">今年 jīnnián</td><td colspan="2">明年 míngnián</td></tr>
<tr><td>달</td><td colspan="2">上个月 shànggeyuè</td><td colspan="2">这个月 zhègeyuè</td><td colspan="2">下个月 xiàgeyuè</td></tr>
<tr><td>주</td><td colspan="2">上(个)星期 shàn(ge)xīngqī</td><td colspan="2">这(个)星期 zhè(ge)xīngqī</td><td colspan="2">下(个)星期 xià(ge)xīngqī</td></tr>
<tr><td>날</td><td colspan="2">昨天 zuótiān</td><td colspan="2">今天 jīntiān</td><td colspan="2">明天 míngtiān</td></tr>
<tr><td>하루</td><td>早上 zǎoshàng</td><td>上午 shàngwǔ</td><td colspan="2">中午 zhōngwǔ</td><td>下午 xiàwǔ</td><td>晚上 wǎnshang</td></tr>
</table>

3. 개사 (1) 给

전치사라고 볼 수 있으며 동사 앞에서 명사, 고유명사 등과 결합하여 방향, 장소,대상 등을 나타낸다.

~에게 给+대상 +동사

동작의 대상을 동사 앞으로 끌어낸다.

我给妈妈打电话。 나는 엄마에게 전화를 걸었다.
wǒ gěi māma dǎ diànhuà.

给我们介绍一下。 우리에게 소개 좀 시켜주세요.
gěi wǒmen jièshào yíxià.

4. 어기조사 吧

문장의 맨 끝에 붙어 문장에 부드러운 명령, 추측, 동의 등의 어감을 부여한다.

你喝吧。 (부드러운 명령) 마셔요.
nǐ hē ba.

你认识我的妹妹吧。 (추측) 당신은 내 여동생을 알죠?
ní rènshi wǒ mèimei ba.

我下午再打吧。 (동의) 오후에 다시 전화하겠습니다.
wǒ xiàwǔ zài dǎ ba.

Exercises

1 다음을 듣고 빈 칸에 들어갈 말을 보기에서 골라 쓰세요. 37

보기:

喂(wéi)　谁(shuí)　在(zài)　有课(yǒukè)　找(zhǎo)　下午(xiàwǔ)
去(qù)　学校(xuéxiào)　今天(jīntiān)　吧(ba)　打(dǎ)　上午(shàngwǔ)
吗(ma)　电话(diànhuà)

(1) A：＿＿＿＿＿＿, 你好!
　　B：你好!，你＿＿＿＿＿＿？

(2) A: 黑田＿＿＿＿＿＿？
　　B: 他不＿＿＿，＿＿＿＿＿＿了。
　　A: 那么，我明天再＿＿＿＿＿＿＿＿。

(3) A: ＿＿＿＿，是王丹吗?
　　B: 我是王丹，你是哪位?
　　A: 我是朴志贤，你＿＿＿＿＿＿＿＿＿＿？
　　B: 我＿＿＿＿＿＿＿＿没有课，＿＿＿＿＿有课。

2 다음 단어를 어순에 맞게 배열하여 문장을 완성하시오.

(1) 나는 오후에 다시 그녀에게 전화를 한다.

我　再　打　她　给　下午　电话。

→ ＿＿＿＿＿＿＿＿＿＿＿＿＿＿＿＿＿＿＿＿

(2) 나는 오전에 수업이 있다.

我　课　上午　有。

→ ______________________________

(3) 그들은 학교에 갔다.

他们　学校　了　去。

→ ______________________________

3 다음을 정확히 읽고 해석해 보세요.

(1) 我找王丹，她在吗？

(2) 她上午有课。

(3) 我下午再给她打电话。

(4) 你是哪位？

4 다음을 읽고 물음에 대답하세요.

A：喂，你好！我是王丹，朴志贤在吗？
B：你好，王丹，他不在。
A：他去哪儿了？
B：他下午有课，去学校了。
A：那么，黑田在不在？
B：黑田也去学校了，你明天再打电话吧。

(1) 朴志贤下午有没有课？

(2) 黑田在不在？他去哪儿了？

(3) 打电话的人是谁？

5 짝과 함께 대화를 해 보세요.

(1) 明天你有课吗？

(2) 明天下午你来学校吗？

(3) 明天下午我可以给你打电话吗？

(4) 这是我的电话号码，你的电话号码是多少？

05 我去图书馆

wǒ qù túshūguǎn

New words 38

图书馆 túshūguǎn 명 도서관

哪儿 nǎr 대 어디

作业 zuòyè 명 숙제, 과제

还 hái 부 또, 게다가

看 kàn 동 보다

现在 xiànzài 부 지금

一起 yìqǐ 부 함께

要 yào 조동 ~려고 하다

做 zuò 동 하다

对 duì 동 맞다

上网 Shàngwǎng 인터넷을 하다

新闻 xīnwén 명 뉴스

太 tài 부 너무

Dialogue 1

39

王　丹：你要去哪儿？
Nǐ yào qù nǎr?

朴志贤：我要去图书馆。
Wǒ yào qù túshūguǎn.

王　丹：你要做作业，对不对？
Nǐ yào zuò zuòyè, duìbuduì?

朴志贤：对，还要上网看新闻。
Duì, hái yào shàngwǎng kàn xīnwén.

黑　田：你现在要去吗？
Nǐ xiànzài yào qù ma?

朴志贤：是的，我现在要去。
Shì de, wǒ xiànzài yào qù.

黑　田：太好了，我们一起去吧。
Tài hǎo le, wǒmen yìqǐ qù ba.

Dialogue 2

40

我要去图书馆做作业，还要上网看新闻。
Wǒ yào qù túshūguǎn zuò zuòyè, hái yào shàng wǎng kàn xīnwén.

黑田现在也要去，我们一起去图书馆。
Hēitián xiànzài yě yào qù, wǒmen yìqǐ qù túshūguǎn.

Grammar Points

1. 능원동사 (2) 要

주관적 의지 · 바람　要 + 동사

"~하려고 하다" 또는 " ~할 것이다" 의 의미를 가지며 부정형은 不能 이 아니라 不想이다.

你要去哪儿？ 당신은 어디로 갈 겁니까?
nǐ yào qù nǎ'r ?

我现在不想去。 나는 지금 가고 싶지 않다.
wǒ xiànzài bùxiǎng qù.

2. 정반의문문

서술어의 긍정형과 부정형을 반복하여 의문문을 만든다.

你要做作业，对不对? (= 对吗?) 당신은 숙제를 해야 합니다, 그렇죠?
nǐ yào zuò zuòyè , duìbuduì?

你是不是韩国人? (= 你是韩国人吗?) 당신은 한국인 인가요 아닌가요?
nǐ shìbushì Hánguórén?

능원동사가 있는 문장의 정반의문문은 능원동사의 긍정형과 부정형을 반복하여 의문문을 만든다.

你要不要去?　　갈 거예요?
nǐ yàobuyào qù?

我可以不可以去你家? 내가 당신 집에 가도 됩니까?
nǐ kěyǐ bu kěyǐ qù nǐ jiā?

주의

긍정과 부정을 반복하여 의문문이 될 때 부정부사 不 는 경성으로 발음한다.

3. 연동문

한 문장 안에 둘 이상의 동사가 서술어로 쓰여 하나의 주어를 서술하는 문장을 말한다.
연동문의 동사들은 동작의 발생 순서, 동작의 목적, 수단, 방식 등 여러 가지 의미관계를 가진다.

✻ 동작의 발생 순서

我们吃了饭就出来了。 우리들은 밥을 먹고 나왔다.
wǒmen chī le fàn jiù chūlái le.

弟弟穿上运动鞋就跑了。 남동생은 운동화를 신고 나서 달렸다.
dìdi chuānshang yùndòngxié jiù pǎo le.

✻ 동작의 목적

我去图书馆做作业。 나는 숙제하려고 도서관에 간다.
wǒ qù túshūguǎn zuò zuòyè.

下午我们去超市买东西。 오후에 우리들은 물건을 사러 마트에 갔다.
xiàwǔ wǒmen qù chāoshì mǎi dōngxi.

✻ 동작의 수단. 방식

我上网看新闻。 나는 인터넷으로 뉴스를 본다
wǒ shànwǎng kàn xīnwén.

他坐飞机去中国。 그는 비행기를 타고 중국에 간다.
tā zuò fēijī qù Zhōngguó

Exercises

1 대화를 듣고 빈자리에 들어갈 알맞은 말을 고르세요. 41

(1) A：你要去哪儿?

B：我要去__________。

① 图书馆　　② 学校　　③ 上网

(2) A：你要做什么?

B：我要 ____________。

① 做作业　　② 打电话　　③ 看新闻

(3) A：你现在要去吗?

B：不，我__________去。

① 明天上午　　② 今天下午　　③ 明天下午

2 대화를 듣고 순서에 따라 번호를 매기세요. 42

(　) 做完作业，我去图书馆。

(　) 我现在要做作业。

(　) 我要上网看新闻。

(　) 去图书馆我要上网。

3 다음 문장을 정반의문문으로 만들어 보세요.

(1) 我现在要去。 → ____________________

(2) 我们去图书馆。 → ____________________

(3) 我要上网看新闻。 → ____________________

4 다음 단어를 어순에 맞게 배열하여 문장을 완성하시오.

(1) 나는 도서관에 숙제를 하러 가려고 한다.

我 图书馆 作业 做 去 要

→ ______________________________

(2) 우리 같이 도서관에 가자.

我们 一起 图书馆 去 吧

→ ______________________________

(3) 또 인터넷으로 뉴스를 볼 것이다.

还 上网 新闻 看 要

→ ______________________________

5 다음을 정확히 읽고 해석해 보세요.

(1) 我要做作业。

(2) 你现在要去图书馆吗?

(3) 他要上网看新闻。

(4) 我们一起去吧。

6 다음을 읽고 물음에 대답하세요.

我要去学校图书馆。黑田也要去。我们一起去图书馆上网给妈妈打电话，还要上网看新闻。看完新闻我们还要做作业。

(1) 他们去图书馆上网做什么？

(2) 看完新闻，黑田要做什么？

7 짝과 함께 묻고 대답해 보세요.

(1) 你现在看新闻吗？(不是 / 上课)
(2) 你现在去图书馆吗？ (是 / 图书馆)
(3) 他现在上网吗？ (不是 / 做作业)
(4) 我明天可以去你那儿吗？ (不可以 / 有课)
(5) 她现在做作业吗？ (不是 / 打电话)

06 韩国语难不难?

Hán guó yǔ nán bu nán

New words 43

韩国语 Hánguóyǔ 명 한국어

空 kòng 명 사이

考试 kǎoshì 명 시험

帮 bāng 동 돕다

没问题 méiwèntí 괜찮다

可是 kěshì 접 그러나

吃 chī 동 먹다

朋友 péngyou 명 친구

成绩 chéngji 명 성적

怎么样 zěnmeyàng 어떻다, 어떠하다

难 nán 형 어렵다

事 shì 명 일

请 qǐng ~하여 주세요

一下 yíxià 양 한번

觉得 juéde 동 여기다

有意思 yǒuyìsi 재미있다

饭 fàn 명 밥

不要客气 búyàokèqi 사양하지 마세요

马马虎虎 mămăhūhū 형 그저 그렇다, 대강

学习 xuéxí 동공부하다

Dialogue 1

44

王　丹： 你现在有空儿吗？
Nǐ xiànzài yǒu kòngr ma?

朴志贤： 有，你有事吗？
Yǒu, nǐ yǒu shì ma?

王　丹： 明天我有考试，请你帮我一下，好吗？
Míngtiān wǒ yǒu kǎoshì, qǐng nǐ bāng wǒ yíxià, hǎo ma?

朴志贤： 没问题，韩国语难不难？
Méiwèntí, Hánguóyǔ nán bu nán?

王　丹： 我觉得很难，可是韩国语很有意思。
Wǒ juéde hěn nán, kě shì Hánguóyǔ hěn yǒuyìsi.

朴志贤： 你的成绩怎么样？
Nǐ de chéngjì zěnmeyàng?

王　丹： 马马虎虎，谢谢你帮我，明天我请你吃饭。
mǎmǎhūhū。xièxie nǐ bāng wǒ, míngtiān wǒ qǐng nǐ chī fàn.

朴志贤： 我们是朋友嘛，不要客气。
Wǒmen shì péngyou ma, búyào kèqi.

Dialogue 2

王丹明天有韩国语考试，
wángdān míngtiān yǒu hánguóyǔ kǎoshì,

她觉得韩国语很难，可是很有意思。
Tā juéde Hánguóyǔ hěn nán, kěshì hěn yǒuyìsi.

我们是朋友，我帮她学习韩国语，她请我吃饭。
Wǒmen shì péngyou, wǒ bāng tā xuéxí hánguóyǔ, tā qǐng wǒ chī fàn.

Grammar Points

1. 有자문

동사 有는 소유, 존재 등의 의미를 나타낸다

소유　사람, 사물 + 有 + 사물

我有很多朋友。 나는 많은 친구가 있다.
wǒ yǒu hěn duō péngyou.

你有事吗? 일이 있나요?
nǐ yǒu shì ma ?

존재　장소, 시간 + 有 +사람. 사물

我们学校有图书馆、留学生宿舍、学生食堂。
wǒmen xuéxiào yǒu túshūguǎn, liúxuéshēng sùshè, xuésheng shítáng.
우리 학교에는 도서관, 유학생 기숙사, 학생식당이 있다.

明天有考试。 내일 시험이 있다.
míngtiān yǒu kǎoshì.

부정　没有

我现在没有空儿。 나는 지금 시간이 없다.
wǒ xiànzài méiyǒu kòng'r.

今天我没有事。 오늘 난 일이 없다.
jīntiān wǒ méiyǒu shì.

2. 겸어문

하나의 문장에 두 개의 동사를 사용하지만 첫 번째 동사의 목적어가 두 번째 동사의 주어를 겸하는 문장을 말한다.

请你帮我一下。 나 좀 도와주세요.
qǐng nǐ bāng wǒ yíxià.

我请他吃饭。 당신에게 밥을 사겠습니다.
wǒ qǐng tā chī fàn.

妈妈叫我买东西。 엄마는 나에게 물건을 사오라고 하신다.
māma jiào wǒ mǎi dōngxi.

참고

겸어문에 자주 쓰이는 동사

请 qǐng 使 shǐ 让 ràng 叫 jiào 派 pài 令 lìng

3. 의문대사 怎么样

✻ 상태 또는 상황

你的成绩怎么样? 너의 성적은 어때?
nǐ de chéngjì zěnmeyàng ?

我的手机怎么样? 내 휴대폰 어때?
wǒ de shǒujī zěnmeyàng ?

✻ 상대방의 의향

문장의 끝에 쓰여 상대방의 의향을 묻는다. 이 경우 "好吗", "可以吗" 를 사용할 수 있다.

请你帮我一下, 好吗? 나 좀 도와줘요, 어때요?
qǐng nǐ bāng wǒ yíxià , hǎoma ?

今天我们一起吃饭, 怎么样? 오늘 우리 같이 밥 먹는 거 어때요?
jīntiān wǒmen yìqǐ chīfàn , zěnmeyàng ?

Exercises

1 대화의 내용에 맞으면 O, 틀리면 X 하세요. 46

(1) 他觉得韩国语很有意思。 (　　)

(2) 他们五月二号有考试。 (　　)

(3) 他可以帮她。 (　　)

2 다음을 듣고 맞는 답을 고르세요. 47

(1) ________

A 她今天作业不多

B 她今天不做作业

C 她今天做作业

(2) ________

A 他们今天一起吃饭

B 他们今天有考试

C 他们明天一起吃饭

(3) ________

A 我觉得汉语很有意思

B 我觉得汉语很难

C 我觉得汉语没有意思

3 다음 단어를 어순에 맞게 배열하여 문장을 완성하시오.

(1) 나는 중국어가 아주 어렵다고 생각해.

我 难 汉语 很 觉得

→ ________________________________

(2) 나는 그녀의 한국어 공부를 도와주었다.

我 她 韩国语 学习 帮

→ ________________________________

(3) 그녀는 나에게 식사를 대접한다.

她 饭 我 吃 请

→ ________________________________

4 다음을 정확히 읽고 해석해 보세요.

(1) 我帮她学习韩国语。

(2) 我们是朋友嘛，不要客气。

(3) 王丹觉得韩国语很难。

(4) 黑田觉得韩国语很有意思。

5 다음을 읽고 내용과 맞는 것에 O, 틀린 것에 X하세요.

> 王丹明天有韩国语考试，我们一起去了图书馆。
> 我现在有空儿，我帮王丹学习韩国语。
> 王丹觉得韩国语很难，我觉得帮她学习韩国语很有意思。

(1) 我们去图书馆学习。 (　　)

(2) 明天我有考试。 (　　)

(3) 王丹帮我学习韩国语。 (　　)

(4) 王丹觉得韩国语很有意思。 (　　)

6 짝과 함께 묻고 대답해 보세요.

(1) 下课以后，你有空儿吗？你要做什么？

(2) 你可以帮我学习汉语吗？

(3) 你觉得汉语难不难？有意思吗？

07 今天天气很好

jīn tiān tiān qì hén hǎo

New words 48

天气 tiānqì 명 날씨

夏天 xiàtiān 명 여름

跟~一样 gēn ~yíyàng ~와 같다

经常 jīngcháng 부 늘, 자주

雨 yǔ 명 비

季节 jìjié 명 계절

暖和 nuǎnhuo 형 따뜻하다

冬天 dōngtiān 명 겨울

秋天 qiūtiān 명 가을

红叶 hóngyè 명 단풍

比 bǐ 동 비교하다

热 rè 형 덥다

而且 érqiě 접 게다가

下 xià 동 내리다

喜欢 xǐhuan 동 좋아하다

春天 chūntiān 명 봄

开花 kāihuā 꽃이 피다

雪 xuě 명 눈

冷 lěng 형 춥다

北京 běijīng 북경

Dialogue 1

王　丹：今天天气怎么样？
Jīntiān tiānqì zěnmeyàng?

朴志贤：今天比昨天还热。
Jīntiān bǐ zuótiān hái rè。

王　丹：韩国的夏天热不热？
Hán guó de xià tiān rèburè?

朴志贤：韩国的夏天跟北京一样，很热，而且经常下雨。
Hánguó de xiàtiān gēn Běijīng yíyàng, hěn rè, érqiě jīngcháng xià yǔ.

王　丹：你喜欢什么季节？
Nǐ xǐhuan shénme jìjié?

朴志贤：我喜欢春天，春天暖和，开很多花。
Wǒ xǐhuan chūntiān。chūntiān nuǎnhuo, kāi hěnduō huā.

王　丹：我喜欢冬天，冬天下很多雪。
Wǒ xǐhuan dōngtiān, dōngtiān xià hěn duō xuě.

黑　田：是吗？我喜欢秋天，秋天不冷不热，我喜欢看红叶。
Shì ma? wǒ xǐhuan qiūtiān, qiūtiān bù lěng bú rè, wǒ xǐhuan kàn hóngyè.

Dialogue 2

50

今天天气很好。韩国的夏天很热，经常下雨。
Jīntiān tiānqì hěn hǎo. Hánguó de xiàtiān hěn rè, jīngcháng xià yǔ.

我喜欢春天，春天暖和，开很多花。
Wǒ xǐhuan chūntiān, chūntiān nuǎnhuo, kāi hěn duō huā.

王丹喜欢韩国的冬天，冬天下很多雪。
Wángdān xǐhuan Hánguó de dōngtiān, dōngtiān xià hěn duō xuě.

黑田喜欢秋天，他喜欢看红叶。
Hēitián xǐ huān qiūtiān, tā xǐhuan kàn hóngyè.

1. 비교문 (1)

~보다 比~

今天比昨天热。 오늘은 어제보다 덥다.
Jīntiān bǐ zuótiān rè

他比我大。 그는 나보다 나이가 많다
tā bǐ wǒ dà.

부사를 이용하여 비교의 정도를 나타낼 수 있다. 비교문에서 사용 가능한 정도부사는 "还" 과 "更" 뿐이다.

今天比昨天还热。 오늘은 어제보다 더 덥다 .
jīntiān bǐ zuótiān hái rè.

他比我更强。 그가 나보다 훨씬 힘이 세다.
tā bǐ wǒ gèng qiáng.

부정은 부정부사 "不"를 개사 "比" 앞에 붙여주면 된다.

我不比她高。 나는 그녀보다 키가 크지 않다.
wǒ bùbǐ tā gāo.

今天不比昨天热。 오늘은 어제보다 덥지 않다.
jīntiān bù bǐ zuótiān rè.

2. 비교문 (2)

~와 똑같이 …… 跟~一样 ……

韩国的夏天跟北京的夏天一样热。 한국의 여름은 북경의 여름과 똑같이 덥다.
Hánguóde xiàtiān gēn Běijīngde xiàtiān yíyàng rè.

我的数码相机跟他的一样好。 내 디지털카메라는 그의 것과 똑같이 좋다.
wǒde shùmǎxiàngjī gēn tāde yíyàng hǎo.

부정할 때는 "不一样" 으로 한다.

韩国的夏天跟北京的夏天不一样。 한국의 여름은 북경의 여름과 다르다.
Hánguóde xiàtiān gēn Běijīngde xiàtiān bùyíyàng .

我的MP3的大小跟你的不一样。 내 MP3 크기는 네 것과 다르다.
wǒde MPsānde dàxiǎo gēn nǐde bù yíyàng.

Exercises

1 계절과 날씨에 관련된 문장을 듣고 보기에서 적당한 표현을 골라 빈 칸을 채워보세요. 51

热，下雨，下雪，冷，春天，秋天，开花

계절		夏天		冬天
…	暖和		不冷不热	

2 세계의 날씨에 관련된 문장을 듣고 적당한 표현을 써서 빈 칸을 채워보세요. 52

刮风(guā fēng／바람이 불다)　　阴天(yīn tiān / 흐린 날씨)

나라	韩国	中国	日本	美国
날씨				

3 다음 문장에서 틀린 곳을 찾아 고치세요.

(1) 今年比去年很热。

(2) 他的个子(gèzi,키)跟我高一样。

(3) 西安(xī'ān, 지명)比不昆明(kūnmíng, 지명)暖和。

4 다음 단어를 어순에 맞게 배열하여 문장을 완성하시오.

(1) 한국의 여름은 아주 덥고 자주 비가 온다.

韩国 夏天 的 很热 雨 经常 下

→ ______

(2) 봄은 따뜻하고 많은 꽃이 핀다.

暖和 春天 花 很多 开

→ ______

(3) 가을은 춥지도 덥지도 않다

秋天 热 冷 不 不

→ ______

5 다음을 정확히 읽고 해석해 보세요.

(1) 今天天气怎么样？

(2) 韩国的夏天很热，经常下雨。

(3) 秋天不冷不热，我喜欢秋天。

(4) 春天暖和，开很多花。

6 다음을 읽고 물음에 대답하세요.

韩国四季分明。春天很暖和，
夏天很热，不过有雨季。
我觉得秋天天气最好，不冷也不热，山上的红叶很漂亮。
冬天很冷，经常下雪。

(1) 韩国的春天怎么样？

(2) 韩国的夏天怎么样？

(3) 韩国的秋天怎么样？

(4) 韩国的冬天怎么样？

7 짝과 함께 묻고 대답해 보세요.

(1) 你喜欢什么季节？为什么？

(2) 给外国朋友介绍韩国的四季。

08 我在学生会馆等你

wǒ zài xué shēng huì guǎn děng nǐ

New words 53

学生会馆 xuéshēnghuìguǎn 명 학생회관

食堂 shítáng 명 식당

点 diǎn 명 시

干什么 gànshénme 무엇을 하다

发 fā 동 발송하다

邮件 yóujiàn 명 우편물

时间 shíjiān 명 시간

银行 yínháng 명 은행

从 cóng 개 ~에서

见面 jiànmiàn 동 만나다

等 děng 동 기다리다

午饭 wǔfàn 명 점심식사

下课 xiàkè 수업이 끝나다

想 xiǎng 동 생각하다.

조동 ~고 싶다, ~고 싶어하다

要是 yàoshì 부 만약

就 jiù 부 곧

什么时候 shénmeshíhou 대 언제

以后 yǐhòu 이후

回来 huílái 동 돌아오다

Dialogue 1

54

王　丹：你去哪儿？
Nǐ qù nǎ'r?

朴志贤：我去食堂吃午饭。
Wǒ qù shítáng chī wǔfàn.

王　丹：你们几点下课？
Nǐmen jǐ diǎn xià kè?

朴志贤：我们三点下课。
Wǒmen sān diǎn xià kè.

王　丹：下课以后，你要干什么？
Xià kè yǐhòu, nǐ yào gàn shénme?

朴志贤：我想上网，发一个邮件。
Wǒ xiǎng shàngwǎng fā yí ge yóujiàn.

王　丹：要是你有时间，就和我一起去银行，好吗？
Yàoshi nǐ yǒu shíjiān, jiù hé wǒ yìqǐ qù yínháng, hǎo ma?

朴志贤：可以，我们什么时候见面？
Kěyǐ, wǒmen shénmeshíhou jiànmiàn?

王　丹：下午三点半，我在学生会馆等你。
Xiàwǔ sān diǎn bàn, wǒ zài xuéshēnghuìguǎn děng nǐ.

Dialogue 2

55

我去食堂吃午饭。我们下午三点下课。
Wǒ qù shítáng chī wǔ fàn. wǒmen xiàwǔ sān diǎn xià kè.

下课以后我和王丹一起去银行。
Xiàkè yǐhòu wǒ hé Wángdān yìqǐ qù yínháng.

王丹三点半在学生会馆等我。
Wángdān sān diǎn bàn zài xuéshēnghuìguǎn děng wǒ.

从银行回来以后，我想上网发一个邮件。
Cóng yínháng huí lái yǐhòu wǒ xiǎng shàngwǎng fā yí ge yóujiàn.

Grammar Points

1. 중국어의 시간 표현

중국어로 시간을 표현하는 방법은 우리말과 비슷하다.

12:00	十二点 shíèr diǎn	
12:05	十二点五分 shíèr diǎn wǔ fēn	十二点零五分 shíèr diǎn líng wǔ fēn
12:15	十二点十五分 shíèr diǎn shíwǔ fēn	十二点 一刻 shíèr diǎn yí kè
12:30	十二点三十分 shíèr diǎn sānshí fēn	十二点半 hièr diǎn bàn
12:45	十二点四十五分 shíèr diǎn sì shíwǔ fēn 差十五分一点 chà shíwǔ fēn yī diǎn	十二点三刻 shíèr diǎn sān kè 差一刻一点 chà yí kè yī diǎn
12:55	十二点五十五分 shíèr diǎn wǔshí wǔ fēn	差五分一点 chà wǔ fēn yī diǎn

2. 능원동사 (3) 想

소망 · 희망 想+동사

"~하고 싶다, ~하려고 하다" 의 의미로 쓴다.

我想上网。 나는 인터넷을 하고 싶다.
wǒ xiǎng shàng wǎng.

我想和你一起去。 나는 너와 같이 가고 싶다.
wǒ xiǎng hé nǐ yìqǐ qù.

你想不想吃中国菜? 당신은 중국 음식을 먹고 싶어요?
nǐ xiǎngbuxiǎng chī zhōngguó cài?

3. 복문 - 가정문을 만드는 접속사 要是~

만약 ~라면, ~이다. 要是~, 就~

"如果(rúguǒ)~, 就~", "~的话(~de huà)" 도 가정문을 만든다.

要是你有时间，就和我一起去银行。 만약 시간이 있으면 나와 함께 은행에 가요.
yàoshi nǐ yǒu shíjiān , jiù hé wǒ yìqǐ qù yínháng.

如果明天下雨，我们不走。 만약 내일 비가 온다면 우린 안 갑니다.
rúguǒ míngtiān xià yǔ , wǒmen bù zǒu.

4. 개사 (2) 在

장소+에서 在+장소+동사

我在学生会馆等你。 나는 학생회관에서 너를 기다릴게.
wǒ zài xuéshenghuìguǎn děng nǐ.

在银行见! 은행에서 만나요!
zài yínháng jiàn!

5. 개사 (3) 从

~로부터 从+장소/시간 + 동사

시간이나 장소의 출발점, 시작점을 나타낸다

在银行见! 은행에서 만나요!

zài yínháng jiàn!

考试从几点开始? 시험은 몇시부터 시작인가요?
kǎoshì cóng jǐdiǎn kāishi ?

Exercises

1 다음을 듣고 빈 칸을 채워보세요. 56

我现在去食堂____________，王丹去图书馆____________。
我____________下课，王丹____________下课。
下课以后，我和她____________黑田那儿。我在____________等她。

2 위의 들은 내용에 근거하여 대답하세요.

(1) 我现在去哪儿？

(2) 王丹现在去哪儿？

(3) 我几点下课？

(4)王丹几点下课？

(5) 下课以后，我和王丹干什么？

(6) 我在哪儿等王丹？

3 다음 단어를 어순에 맞게 배열하여 문장을 완성하시오.

(1) 나는 점심을 먹으러 식당에 간다.

我 午饭 吃 食堂 去

→ ____________________________________

(2) 그는 3시 반 학생회관에서 나를 기다린다.

学生会馆　他　三点半　在　我　等

→ ______________________________

(3) 나는 오후 2시에 수업이 끝난다.

两点　课　我　下午　下

→ ______________________________

(4) 은행에서 돌아왔다.

银行　回来　从

→ ______________________________

4 다음을 정확히 읽고 해석해 보세요.

(1) 我去食堂吃饭。

(2) 下课以后，你要干什么？

(3) 要是你有时间，就和我一起去银行，好吗？

(4) 我在学生会馆等他。

5 다음을 읽고 물음에 대답하세요.

王丹在图书馆等黑田的电话。黑田下课以后要去银行，王丹和他一起去。
王丹下午没有课，她在图书馆上网看新闻。
下课以后黑田给王丹打电话，他们下午四点在银行见面。

(1) 王丹在图书馆干什么？

(2) 黑田什么时候给王丹打电话？

(3) 他们几点在哪儿见面？

6 아래의 상황에 맞추어 짝과 함께 묻고 대답해 보세요.

(1) 下课以后我想请你吃饭，可以吗？

(2) 我有课，你在哪儿等我？

(3) 我们几点见面？我们去哪儿吃饭？

09 我坐地铁去学校

wǒ zuò dì tiě qù xué xiào

New words 57

坐 zuò 동 앉다

怎么 zěnme 대 어떻게, 어째서

从~到 cóng~dào 개 ~에서~까지

多长时间 duōchángshíjiān 얼마동안

分钟 fēnzhōng 명 분

校车 xiàochē 명 학교셔틀버스

住 zhù 동 살다

骑 qí 동 타다

地铁 dìtiě 명 지하철

每天 měitiān 명 매일

需要 xūyào 동 필요하다

大概 dàgài 대 대략

首尔 shǒu'ěr 명 서울

方便 fāngbiàn 형 편리하다

宿舍 sùshè 명 기숙사

自行车 zìxíngchē 명 자전거

Dialogue 1

58

朴志贤：你是怎么来学校的？
Nǐ shì zěnme lái xuéxiào de?

黑　田：我每天坐地铁来学校。
Wǒ měitiān zuò dìtiě lái xuéxiào.

朴志贤：从你家到学校需要多长时间？
Cóng nǐ jiā dào xuéxiào xūyào duōchángshíjiān?

黑　田：大概需要四十分钟。你家在哪儿？
Dàgài xūyào sìshí fēn zhōng。nǐ jiā zài nǎ'r?

朴志贤：我家在首尔，我坐校车来学校，坐校车很方便。
Wǒjiā zài shǒu'ěr, wǒ zuò xiàochē lái xuéxiào, zuò xiàochē hěn fāngbiàn.

王　丹：我住学生宿舍，我骑自行车来上课。
Wǒ zhù xuéshēngsùshè, wǒ qí zìxíngchē lái shàng kè。

Dialogue 2

59

黑田每天坐地铁来学校，
Hēitián měitiān zuò dìtiě lái xuéxiào,

从他家到学校大概需要四十分钟。
Cóng tā jiā dào xuéxiào dàgài xūyào sìshí fēn zhōng.

我家在首尔，我坐校车来学校，坐校车很方便。
Wǒ jiā zài shǒu'ěr, wǒ zuò xiàochē lái xuéxiào。zuò xiàochē hěn fāngbiàn.

王丹住学生宿舍，她骑自行车来上课。
Wángdān zhù xuéshēngsùshè, tā qí zìxíngchē lái shàng kè.

Grammar Points

1. 강조구문 是~的

이미 발생한 사건의 시간, 지점, 방식, 원인 등을 강조한다.

你是怎么来学校的? 너 어떻게 학교에 온 거니?
nǐ shì zěnme lái xuéxiào de ?

我是昨天来的。나는 어제 왔어.
wǒ shì zuótiān láide.

2. 의문대명사 怎么

어떻게 ~ ?　怎么+동사?

怎么来学校? 어떻게 학교에 왔어요?
zěnme lái xuéxiào ?

饺子怎么做? 만두는 어떻게 만들어요?
jiǎozi zěnme zuò ?

3. 개사(4) 到

~까지　到 + 장소/시간 + 동사

考试到下午3点结束了。시험은 오후 3시에 끝난다.
kǎoshì dào xiàwǔ sān diǎn jiéshù le.

从과 함께 쓰여 범위를 나타낸다.

从你家到学校需要多长时间? 당신 집에서 학교까지 얼마나 걸려요?
cóng nǐ jiā dào xuéxiào xūyàoduōcháng shíjiān?

从上午9点半到12点半上课。오전 8시반부터 12시 반까지 수업을 합니다.
cóng shàngwǔ jiǔ diǎn bàn dào shíèr diǎn bàn shàngkè.

Exercises

1 듣고 맞는 것을 고르세요. 60

(1) 他怎么去学校?

① 坐地铁　　② 骑自行车　　③ 坐校车

(2) 他住哪儿?

① 他住学生宿舍　　② 他家在首尔　　③ 他住在中国

2 다시 듣고 들은 내용을 중국어로 이야기해보세요.

3 다음 보기 중에서 알맞은 개사를 골라 문장을 완성하세요.

在　从　到　给

(1) 我 _____ 妈妈打电话。

(2) 他 _____ 图书馆上网。

(3) _____ 学校 _____ 他家需要20分钟 。

(4) 妈妈 _____ 中国回来了。

4 다음 단어를 어순에 맞게 배열하여 문장을 완성하시오.

(1) 너는 어떻게 학교에 오니?

你　怎么　是　学校　的　来

→ ______________________________

(2) 우리 집에서 학교까지 대략 40분정도 걸린다.

我家　学校　从　大概　到　四十分钟　需要

→ ______________________________

(3) 나는 매일 지하철을 타고 학교에 온다.

我　地铁　坐　学校　来　每天

→ ______________________________

(4) 학교까지 얼마나 걸립니까?

学校　到　时间　多长　需要

→ ______________________________

5 **다음을 정확히 읽고 해석해 보세요.**

(1) 我每天坐地铁去学校。

(2) 从我家到学校大概需要四十分钟。

(3) 我坐校车来学校，坐校车很方便。

(4) 他骑自行车去银行。

6 다음을 읽고 물음에 대답하세요.

我家在首尔，我每天坐校车去学校，从我家到学校大概需要一个小时。
昨天我骑自行车去了首尔图书馆。图书馆离我家很近，骑车大概需要十五分钟。
明天王丹和黑田坐地铁来我家，从学校到我家坐地铁大概需要一个半小时。

(1) 他每天怎么去学校？

(2) 从他家到首尔图书馆需要多长时间？

(3) 王丹和黑田是坐校车来他家吗？

7 짝과 함께 묻고 대답해 보세요.

(1) 你住哪儿？你每天怎么来学校？

(2) 从你家到学校需要多长时间？

10 快要放假了

kuài yào fàng jià le

New words 61

快 kuài 동 빠르다

回 huí 동 되돌아가다

济州岛 jǐzhōudǎo 명 제주도

买 mǎi 동 사다

假期 jiàqī 명 방학기간

打工 dǎgōng 아르바이트하다

旅行 lǚxíng 동 여행하다

羡慕 xiànmù 형 부러워하다

放假 fàngjià 방학하다

陪 péi 동 동반하다

已经 yǐjīng 부 이미

机票 jīpiào 명 비행기표

先 xiān 부 먼저

然后 ránhòu 부사 다음

真 zhēn 부 정말

Dialogue 1

62

朴志贤 ： 快要放假了，你们回国吗？
Kuài yào fàng jià le。Nǐmen huí guó ma?

黑　田 ： 我不回去，我妈妈要来韩国，我陪她去济州岛。
Wǒ bù huíqù, wǒ māma yào lái Hánguó, wǒ péi tā qù Jǐzhōudǎo.

王　丹 ： 我要回中国。 我已经买好了机票。
Wǒ yào huí Zhōngguó。wǒ yǐjīng mǎi hǎo le jīpiào.

黑　田 ： 假期你想做什么？
Jiàqī nǐ xiǎng zuò shénme?

朴志贤 ： 我想先打工，然后去旅行。
Wǒ xiǎng xiān dǎgōng, ránhòu qù lǚxíng.

王　丹 ： 是吗？真羡慕你！
Shì ma? zhēn xiànmù nǐ.

Dialogue 2

63

快要放假了。
Kuài yào fàngjià le.

黑田的妈妈要来韩国，黑田要陪妈妈去济州岛。
Hēitián de māma yào lái Hánguó, Hēitián yào péi Māma qù Jǐzhōudǎo.

王丹要回中国，她已经买好了机票。
Wángdān yào huí Zhōngguó, tā yǐjīng mǎi hǎo le jīpiào.

这个假期我想先打工，然后去旅行。
Zhège jiàqī wǒ xiǎng xiān dǎgōng, ránhòu qù lǚxíng.

Grammar Points

1. 임박태 快要~了

곧 ~일 것이다. 快要~了

같은 표현으로 "要~了"와 "就要~了" 가 있다.

快要放假了。 곧 방학이다.
kuàiyào fàngjià le.

要下雨了。 비가 오려고 한다.
yào xià yǔ le .

"就要~了" 앞에는 시간 명사가 올 수 있으나 "快要~了"는 올 수 없다

明年快要毕业了。(×)
míngnián kuài yào bìyè le.

明年就要毕业了。(○) 내년에 곧 졸업이다.
míngnián jiù yào bìyè le .

2. 결과보어 好

동작의 완성. 만족한 상태 완성 동사 + 好

我已经买好了。 난 이미 다 샀다.
wǒ yǐjīng mǎihǎo le.

我们学好了。 우리는 다 배웠다.
Wǒ yǐjīng mǎihǎo le.

목적어는 결과 보어 뒤에 쓴다.

我已经买好了机票。 나는 이미 비행기표를 다 샀다.
wǒ yǐjīng mǎihǎo le jīpiào.

我们学好了汉语。 우리는 중국어를 다 배웠다.
wǒmen xué hǎo le hànyǔ.

3. 복문 - 동작의 선후를 나타내는 접속사 先~, 然后~

먼저 ~하고, 그 다음 ~한다 先~, 然后~

先打工，然后去旅行。 우선 아르바이트를 하고, 그런 다음 여행을 간다.
xiān dǎgōng , ránhòu qù lǚxíng.

先吃饭，然后看电影，怎么样? 먼저 밥을 먹고 다음에 영화를 보는 게 어떨까?
xiān chī fàn , ránhòu kàn diànyǐng, zěnmeyàng?

Exercises

1 듣고 맞는 것을 고르세요. 64

① 朴志贤 (　　)　　② 王丹 ( )

ⓐ 先打工，然后去旅行　ⓑ 不回国　ⓒ陪妈妈去济州岛　ⓓ买好了机票

2 '快要~了'와 관련된 표현을 듣고 맞는 것 끼리 연결하세요.

① 王丹的生日 ·　　· ⓐ 打电话
② 四点半下课 ·　　· ⓑ 去图书馆
③ 首儿 ·　　· ⓒ 买帽子

3 다음 단어를 어순에 맞게 배열하여 문장을 완성하시오.

(1) 곧 방학을 한다.

快要 假 了 放

→ ______________________

(2) 그는 어머니를 모시고 제주도에 가려고 한다.

他 妈妈 济洲岛 去 要 陪

→ ______________________

(3) 나는 이미 비행기표를 샀다.

我 机票 了 已经 好 买

→ ______________________________

(4) 그는 먼저 아르바이트를 하고 난 다음 여행을 가려고 한다.

他 打工 先 旅行 然后 去 想

→ ______________________________

4 다음을 정확히 읽고 해석해 보세요.

(1) 快要放假了，我要回中国。

(2) 他陪妈妈去济州岛。

(3) 我先打工，然后去旅行。

(4) 我已经买好了机票。

5 다음을 읽고 물음에 대답하세요.

快要放假了，放假以后我要先打工，然后回中国。
从仁川到北京坐飞机大概需要一个半小时，我已经买好了回北京的机票。
我们九月一号开始上课，我八月二十五号再回来。
我妈妈明年来韩国旅行，我要陪她去济州岛。

(1) 放假以后她要做什么？

(2) 她什么时候再回来？

(3) 她去了济州岛吗？

6 짝과 함께 묻고 대답해 보세요.

(1) 快要放假了，假期你想做什么？

(2) 你去过济州岛吗？什么时候去的？

(3) 从这儿到济州岛需要多长时间？

교양
중국어

부 록

- 본문 해석
- 듣기 스크립트
- 어휘 색인

본문 해석

01 안녕하세요. 저는 한국인입니다.

Dialogue 1

박지현 : 안녕!
왕　단 : 안녕!
박지현 : 난 박지현이야, 넌 이름이 뭐니?
왕　단 : 난 왕단이라고 해, 만나서 반가워.
박지현 : 너 한국인이니?
왕　단 : 나 한국인 아니야.
박지현 : 넌 어느나라 사람이니?
왕　단 : 난 중국인이야, 넌?
박지현 : 난 한국인이야.
쿠로다 : 안녕! 난 쿠로다라고 해, 난 일본인이야, 만나서 반가워.

Dialogue 2

저는 박지현이라고 부릅니다. 저는 한국인입니다. 왕단은 중국인이고 쿠로다는 일본인입니다. 그들을 알게 되어 저는 대단히 기쁩니다.

02 그건 내꺼야

Dialogue 1

쿠로다 : 이건 누구 책이지?
박지현 : 이건 왕단의 책이야.
쿠로다 : 저것도 왕단의 책이니?
박지현 : 아니, 저건 내거야, 이건 왕단의 안경이고.
코로다 : 저건 누구의 모자랑 안경이지?
박지현 : 저건 내꺼야, 고마워!
쿠로다 : 뭘~!(별말씀을요), 잘 가!

Dialogue 2

책상 위에 책이랑 안경, 모자 그리고 핸드폰이 있습니다. 이 책과 안경은 왕단의 것이고 저 모자와 핸드폰은 저의 것입니다.

03 내일은 내 생일이야

Dialogue 1

박지현 : 넌 몇 살이니?
왕　단 : 난 금년에 스무살, 넌?
박지현 : 나도 스무살, 우리 동갑이구나.

쿠로다 : 난 스물하나. 내일은 내 생일이야.
박지현 : 그래? 생일 축하한다.
쿠로다 : 고맙다. 너의 생일은 언제니?
왕 단 : 내일 너한테 놀러가려고 하는데, 괜찮을까?
쿠로다 : 너희들 오는 걸 환영한다.

Dialogue 2

저는 금년에 스무 살입니다. 왕단과 저는 동갑입니다. 쿠로다는 금년에 스물 한 살입니다. 내일은 쿠로다의 생일입니다. 우리는 내일 쿠로다한테 놀러 가려고 합니다.

04 그녀가 있나요?

Dialogue 1

박지현 : 여보세요, 안녕하세요!
학 생 : 안녕하세요! 누굴 찾으시나요?
박지현 : 저는 박지현입니다. 왕단 씨를 찾는데 계시나요?
학 생 : 지금 없는데요, 오전에 수업이 있어서 학교에 갔어요.
박지현 : 오후엔 있을까요?
학 생 : 네, 있어요.
박지현 : 그럼 오후에 다시 전화할게요. 안녕히 계세요.
학 생 : 안녕히 계세요.

Dialogue 2

저는 왕단에게 전화를 했는데 그녀는 집에 없었습니다. 그녀는 오전에 수업이 있어서 학교에 갔습니다. 왕단이 오후에는 집에 있기에 저는 오후에 그녀에게 전화를 걸기로 하였습니다.

05 난 도서관에 갈거야

Dialogue 1

왕 단 : 너 어디 가니?
박지현 : 난 도서관에 갈거야.
왕 단 : 숙제하러 가는거지? 맞지?
박지현 : 응, 그리고 인터넷도으로 뉴스도 좀 보려구.
쿠로다 : 너 지금 갈거니?
박지현 : 응, 나 지금 갈거야.
쿠로다 : 잘 됐다, 우리 같이 가자.

Dialogue 2

나는 도서관에 가서 숙제를 하고 인터넷으로 뉴스도 보려고 합니다. 쿠로다도 지금 도서관에 갈 겁니다. 우린 같이 도서관에 갑니다.

06 한국어가 어렵지 않니?

Dialogue 1

왕　단 : 너 지금 시간 있니?
박지현 : 있어, 무슨 일이니?
왕　단 : 나 내일 시험이 있는데 너 나 좀 도와줄래?
박지현 : 그러지뭐, 한국어가 어렵지?
왕　단 : 많이 어렵다고 생각해. 근데 한국어는 재미있어.
박지현 : 너의 성적은 어때?
왕　단 : 그냥 그래. 도와줘서 고마워, 내일 밥 살게.
박지현 : 우리 친구잖아, 고마울 거 없어.

Dialogue 2

왕단은 내일 한국어 시험이 있습니다. 왕단은 한국어가 어렵지만 재미있다고 생각합니다. 우리는 친구입니다. 내가 한국어 공부를 도와주었더니 왕단은 내일 밥을 사겠다고 합니다.

07 오늘 날씨가 너무 좋아

Dialogue 1

왕　단 : 오늘 날씨 어때?
박지현 : 오늘은 어제보다 더워.
왕　단 : 한국은 여름이 덥니?
박지현 : 한국의 여름은 북경만큼 더워, 게다가 비가 자주 내려.
왕　단 : 넌 어떤 계절을 좋아하니?
박지현 : 난 봄이 좋아. 봄은 따뜻하고 꽃이 많이 피니까.
왕　단 : 난 겨울이 좋아. 눈이 많이 와서.
쿠로다 : 그래? 난 가을이 좋은데. 가을은 덥지도 춥지도 않잖아, 난 단풍 좋아해.

Dialogue 2

오늘은 날씨가 참 좋습니다. 한국은 여름이 덥고 비가 많이 내립니다. 저는 봄을 좋아합니다. 봄은 따뜻하고 꽃이 많이 핍니다. 왕단은 한국의 겨울을 좋아합니다. 겨울에는 눈이 많이 내립니다. 쿠로다는 가을을 좋아합니다. 쿠로다는 단풍을 좋아합니다.

08 학생회관에서 기다릴게

Dialogue 1

왕　단 : 어디가니?
박지현 : 식당에 점심먹으러 가.
왕　단 : 몇 시에 수업 끝나?
박지현 : 우린 3 시에 수업 끝나.
왕　단 : 수업 끝나면 뭘 할거니?
박지현 : 수업 끝나면 메일 하나 보내려구.
왕　단 : 시간이 있으면 나랑 은행 같이 가지 않을래?
박지현 : 좋아, 우리 몇 시에 만날까?
왕　단 : 오후 3시 30분에 학생회관에서 기다릴게.

Dialogue 2

저는 식당에서 점심을 먹습니다. 우린 오후 3시에 수업이 끝납니다. 수업이 끝나면 저는 왕단이랑 함께 은행에 가려고 합니다. 왕단은 3시 30분에 학생회관에거 저는 기다릴 것입니다. 은행에서 돌아와서 저는 메일 한 통을 발송하려고 합니다.

09 난 지하철을 이용하여 학교에 다녀

Dialogue 1

박지현 : 너는 어떻게 학교에 다니니?
쿠로다 : 난 매일 지하철을 이용하고 있어.
박지현 : 너의 집에서 학교까지 시간이 얼마나 걸려?
쿠로다 : 약 40분 쯤 걸려. 너의 집은 어디니?
박지현 : 우리집은 서울인데 난 셔틀버스로 학교에 와. 셔틀버스가 편하거든.
왕 단 : 난 학생기숙사에 살아. 난 자전거로 다녀.

Dialogue 2

쿠로다는 매일 지하철을 이용하여 학교에 다닙니다. 그의 집에서 학교까지는 약 40분쯤 걸립니다. 우리집은 서울인데 저는 학교 셔틀버스를 타고 다닙니다. 학교셔틀버스는 아주 편합니다. 왕단은 학교 기숙사에 살고 있는데 그녀는 자전거를 타고 학교에 옵니다.

10 곧 방학이야

Dialogue 1

박지현 : 곧 방학인데 너희들 귀국하니?
쿠로다 : 난 귀국하지 않아. 우리 엄마가 한국에 오신다고 했어. 엄마랑 제주도에 가려구.
왕 단 : 난 중국에 가려구. 티켓을 이미 사 놓았어.
쿠로다 : 방학에 넌 뭘 할 계획이니?
박지현 : 난 먼저 아르바이트를 하고 다음 여행가려구.
왕 단 : 그래? 정말 부럽다!

Dialogue 2

곧 방학입니다. 쿠로다의 어머니께서 한국에 오신다고 합니다. 쿠로다는 어머니랑 같이 제주도 여행을 갈 계획입니다. 왕단은 중국에 돌아가려고 합니다. 그녀는 비행기 표를 이미 샀습니다. 이번 방학에 저는 우선 아르바이트를 하고 다음 여행 갈 계획입니다.

듣기문제 스크립트

01 안녕하세요. 저는 한국인입니다.

1.

(1) nǐ (2) wǒ (3) hǎo (4) hán (5) rén (6) jiào
(7) shì (8) shénme (9) Rìběn (10) rènshi (11) gāoxìng (12) míngzi

2.

(1) Nǐhǎo (2) Nǐmenhǎo (3) Hánguórén (4) Zhōngguórén (5) Rìběnrén (6) Hěngāoxìng

02 그건 내꺼야

1.

(1) yǎnjìng (2) shū (3) màozi (4) shǒujī (5) zuōzi (6) méiguānxi

2.

A: Nǐhǎo !
B: Nǐhǎo!
A: Nǐ jiào shénme míngzi ?
B: Wǒ jiào Piáozhìxián.
A: Nǐ shì Zhōngguórén ma?
B: búshì.
A: Nǐ shì nǎguó rén?
B: wǒ shì Hángúorén.

03 내일은 내 생일이야

1.

(1) liù (2) bā (3) shíèr (4) shísì (5) èrshí (6) sìshísì

2.

(1) 王丹今年 二十 岁。
(2) 我妈妈今年 五十 岁。
(3) 我明年 十九 岁。
(4) 他的生日是 五 月 十八 号。
(5) 明天是 十 月 一 号。
(6) _二月 十二 号是我的生日。

04 그녀가 있나요?

1.

(1) A: 喂, 你好!
B: 你好!，你找谁?

(2) A: 黑田在吗??
B: 他不在，他去学校了。
A: 那么，我明天再打吧。

(3) A: 喂，是王丹吗?
B: 我是王丹，你是哪位?
A: 我是朴志贤，你 今天有课吗?
B: 我上午没有课，下午有课。

05 난 도서관에 갈거야

1.

(1) A: 你要去哪儿?
B: 我要去图书馆上网。

(2) A: 你要做什么?
B: 我要给王丹打电话。

(3) A: 你现在要去吗?
B: 不，我明天下午去。

2.

我现在要做作业。做完作业，我去图书馆。去图书馆我要上网。我上网要看新闻。

06 한국어가 어렵지 않니?

1.

(1) A: 你觉得韩国语难不难?
B: 我觉得韩国语不太难。

(2) A: 你们今天有考试吗?
B: 今天是五月一号吧? 明天有考试。

(3) A: 你可以帮我一下吗?
B: 对不起，我现在没空。

2.

(1) 我今天去图书馆看书，明天要做作业。
(2) 今天我有考试，明天我请你吃饭吧。
(3) 我觉得汉语不难，很有意思。

07 오늘 날씨가 너무 좋아

1.

(1) 韩国的春天天气怎么样?
韩国的春天很暖和。

(2) 韩国的夏天经常下雨吗?
不一定。有时侯下雨，有时侯很热。

(3) 韩国的秋天天气怎么样?
韩国的秋天不冷不热，天气很好。

(4) 韩国的冬天天气怎么样?
有的时候下雪，有的时候很冷。

2.

韩国今天下很多雪，中国今天刮大风。日本明天下很多雨，美国阴天。

08 학생회관에서 기다릴게

我现在去食堂吃午饭，王丹去图书馆看新闻。
我下午三点下课，王丹下午四点下课。
下课以后，我和她要黑田那儿。我在学生会馆等她。

09 난 지하철을 이용하여 학교에 다녀

他是我的朋友，他家在首尔。
他住学生宿舍，他每天七点起床。
他吃了早饭以后，骑自行车来学校。

10 곧 방학이야

快要放假了。王丹这个假期不回国，她想先打工，然后去旅行。
朴志贤打算陪妈妈去济州岛，他已经买好了机票。

어휘색인

你 nǐ [대] 너. 당신
我 wǒ [대] 나
韩国 hánguó [명] 한국
叫 jiào [동] 부르다
名字 míngzi [명] 이름
很 hěn [부] 매우
吗 ma [조] ~입니까
哪 nǎ [대] 어느
中国 zhōngguó [명] 중국
日本 Rìběn [명] 일본
那 nà [대] 그. 저
的 de [조] 의
书 shū [명] 책
眼镜 yǎnjìng [명] 안경
和 hé [조] 와/과
谢谢 xièxie 감사합니다
桌子 zuōzi [명] 책상
有 yǒu [동] 있다
生日 shēngrì [명] 생일
今年 jīnnián [명] 금년
同岁 tóngsuì [명] 동갑
生日快乐 zhùshēngrìkuàilè 생일축하
月~号 yuè~hào [명] 월~일
那儿 nà ér [대] 거기, 그 곳
可以 kěyǐ [조동] 가능하다
来 lái [동] 오다
喂 wèi [감] 여보세요
上午 shàngwǔ [명] 오전
去 qù [동] 가다
下午 xiàwǔ [명] 오후
再 zài [부] 다시
给 gěi [동] 주다
图书馆 túshūguǎn [명] 도서관
你好 nǐhǎo 안녕하세요
是 shì ~은 ~이다
人 rén [명] 사람
什么 shénme [대] 무엇. 무슨
认识 rènshi [동] 알다
高兴 gāoxìng [형] 기쁘다
不是 búshì ~이/가 아니다
国 guó [명] 나라
们 men 들 (인칭에 대한 복수형)
他们 tāmen [대] 그들
谁 shuí [대] 누구
这 zhè [대] 이
也 yě [조] 도
帽子 màozi [명] 모자
手机 shǒujī [명] 핸드폰
不客气 búkeqi 천만에요
上 shàng [명] 위
明天 míngtiān [명] 내일
大 dà [형] 크다
二十 èr shí [수] 이십
岁 suì [명] (나이) 살. 세
几 jǐ [대] 몇
去 qù [동] 가다
玩 wán [동] 놀다
欢迎 huānyíng [동] 환영하다
在 zài [동] ~에 있다
找 zhǎo [동] 찾다
课 kè [명] 수업
学校 xuéxiào [명] 학교
那么 nàme [접] 그럼
吧 ba [어미] ~ㅂ시다. ㄹ게요.
打电话 dǎdiànhuà 전화를 걸다
要 yào [조동] ~려고 하다

哪儿 nǎ'ér 대 어디
作业 zuòyè 명 작업
还要 háiyào 접 또, 게다가
看 kàn 동 보다
现在 xiànzài 부 지금
好 hǎo 형 좋다
韩国语 Hánguóyǔ 명 한국어
空 kòng 명 사이
考试 kǎoshì 명 시험
帮 bāng 동 돕다
没问题 méiwèntí 괜찮다
可是 kěshì 접 그러나
吃 chī 동 먹다
朋友 péngyǒu 명 친구
今天 jīntiān 명 오늘
怎么样 zěnmeyàng 형 어떠하다
夏天 xiàtiān 명 여름
跟~一样 gēn ~yíyàng ~와 같다
经常 jīngcháng 부 늘. 자주
雨 yǔ 명 비
季节 jìjié 명 계절
暖和 nuǎnhuo 형 따뜻하다
冬天 dōngtiān 명 겨울
秋天 qiūtiān 명 가을
红叶 hóngyè 명 단풍
要 yào 조동 ~려고 하다
等 děng 동 기다리다
午饭 wǔfàn 명 점심식사
下课 xiàkè 수업이 끝나다
想 xiǎng 동 생각하다 조동 ~고 싶다, ~고 싶어하다
邮件 yóujiàn 명 우편물
时间 shíjiān 명 시간
银行 yínháng 명 은행
从 cóng 개 ~에서
地铁 dìtiě 명 지하철
每天 měitiān 명 매일
需要 xūyào 동 필요하다

做 zuò 동 하다
对 duì 동 맞다
上网 shàngwáng 인터넷을 하다
新闻 xīnwén 명 뉴스
太 tài 부 너무
一起 yìqǐ 부 함께
难 nán 형 어렵다
事 shì 명 일
请 qǐng ~하여 주세요
一下 yíxià 부 한번
觉得 juéde 동 여기다
有意思 yǒuyìshi 재미있다
饭 fàn 명 밥
不要客气 búyàokèqi 사양하지 마세요
天气 tiānqì 명 날씨
比 bǐ 동 비교하다
热 rè 형 덥다
而且 érqiě 접 게다가
下 xià 동 내리다
喜欢 xǐhuān 형 좋아하다
春天 chūntiān 명 봄
开花 kāihuā 꽃이 피다
雪 xué 명 눈
冷 lěng 형 춥다
图书馆 túshūguǎn 명 도서관
学生会馆 xuéshēnghuìguǎn 명 학생회관
食堂 shítáng 명 식당
几点 jǐdiǎn 명 몇 시
干什么 gànshénme 무엇을 하다
发 fā 동 발송하다
要是 yàoshì 부 만약
就 jiù 부 곧
什么时候 shénmeshíhou 대 언제
坐 zuò 동 앉다
怎么 zěnme 형 어떻다
从~到 cóng~dào 개 ~에서~까지
多长时间 duōchángshíjiān 얼마동안

大概 dàgài [대] 대략
家 jiā [명] 집
校车 xiàochē [명] 학교셔틀버스
住 zhù [동] 살다
骑 qí [동] 타다
快 kuài [부] 빨리
回 huí [동] 돌다
济州岛 jǐzhōudǎo [명] 제주도
买 mǎi [동] 사다
假期 jiàqī [명] 방학기간
先 xiān [부] 먼저
然后 ránhòu [부사] 다음
真 zhēn [부] 정말

分钟 fēnzhōng [양] 간
首儿 shǒu'ér [명] 서울
方便 fāngbiàn [형] 편리하다
宿舍 sùshè [명] 기숙사
自行车 zìxíngchē [명] 자전거
放假 fàngjià 방학하다
陪 péi [부] 동반하다
已经 yǐjīng [부] 이미
机票 jīpiào [명] 비행기표
做 zuò [동] 하다
打工 dǎgōng 아르바이트하다
旅行 lǚxíng [동] 여행하다
羡慕 xiànmù [형] 부러워하다